Mon POISSON Rouge

Christine Morley et Carole Orbell

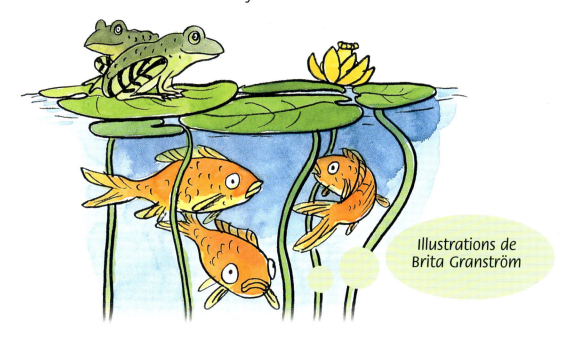

Illustrations de Brita Granström

Les Éditions du *Carrousel*

Direction artistique : Carole Orbell
Direction éditoriale : Christine Morley
Maquettiste : Lisa Nutt
Consultant : Lisa Cobb, NCDL Animal Nurse of the Year 1995
Illustratrice : Brita Granstöm
Photographe : John Englefield

Traduction : Claude Mallerin
Composition : Nord Compo
Imprimé à Hong-Kong

© 1999, Les Éditions du Carrousel / Media Serges,
pour l'édition française, Paris.

© 1997, Two-Can Publishing Ltd.

Loi n° 49-956 du 16 juillet 1949 sur les publications destinées
à la jeunesse.
Tous droits réservés. Aucun extrait de ce livre ne peut être reproduit,
enregistré ou transmis, par quelque procédé que ce soit,
électronique, mécanique, photocopie, bande magnétique,
disque ou autre, sans l'autorisation écrite préalable et l'éditeur
et du détenteur des droits.

ISBN 2-7456-0138-5

Sommaire

- 4   Drôles d'amis !
- 6   À la découverte des poissons
- 8   Que de poissons !
- 10   Suis-je prêt ?
- 12   Le contrôle de l'eau
- 14   En place !
- 16   Le pouvoir des plantes
- 18   Le bon choix
- 20   Comment les nourrir
- 22   L'entretien de l'aquarium
- 24   La mare idéale
- 26   Bilan de santé
- 28   L'élevage de poissons
- 30   La vie en commun
- 32   Mots utiles

Drôles d'amis !

Les poissons rouges sont des animaux d'une agréable compagnie. Ils sont faciles à élever et tu t'amuseras beaucoup à les regarder évoluer. Il y a beaucoup à savoir sur ces mini-animaux domestiques, aussi lis ce qui suit pour apprendre à bien t'en occuper.

C'est moi sur la couverture ?

Des animaux fantastiques !
Les poissons rouges exigent peu de soins.
Il suffit de les nourrir régulièrement et de veiller à la propreté de leur eau. Ils sont parfaits si tu n'as pas assez de place chez toi pour élever d'autres animaux.

Les poissons sont des animaux de compagnie appréciés de tous.

Dehors ou dedans ?
Les poissons rouges aiment l'eau froide. Ils peuvent aussi bien vivre dans une mare dehors que dans un aquarium à l'intérieur d'une maison.

Marins d'eau froide
Si les poissons rouges aiment l'eau froide, d'autres espèces comme les poissons tropicaux ne se plaisent que dans les eaux chaudes. C'est parce qu'ils viennent de pays chauds où l'eau est à la même température que celle de ton bain.

Hé ! regarde-moi plonger !

Frimeur !

Une mare offre un spectacle passionnant, l'été en particulier.

Voilà mon dîner qui arrive !

À chacun son nom
Au début, tu n'arriveras peut-être pas à distinguer tes poissons les uns des autres. Lorsque, au bout d'un certain temps, tu sauras les reconnaître, tu pourras donner à chacun un nom. Ils ne connaîtront pas leur nom, mais certains viendront vers toi quand tu siffleras.

À la découverte des poissons

Les poissons rouges sont des animaux domestiques particuliers : comme tous les autres poissons, ils ne peuvent vivre que dans l'eau. Pour bien t'occuper des tiens, apprends quelles sont leurs particularités.

D'excellents nageurs
Les poissons sont de très bons nageurs. Leur corps mince et allongé leur permet de glisser facilement dans l'eau. Ils se servent de leurs nageoires, membranes en forme de triangle, pour se propulser, monter ou descendre et même pour s'immobiliser.

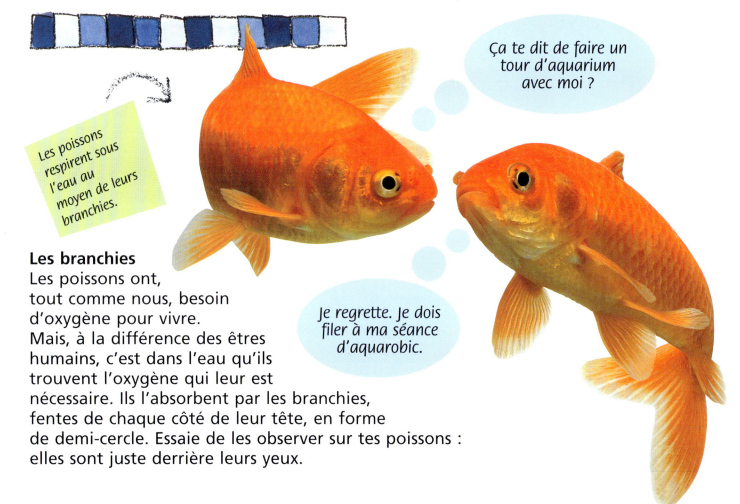

Les poissons respirent sous l'eau au moyen de leurs branchies.

Ça te dit de faire un tour d'aquarium avec moi ?

Je regrette. Je dois filer à ma séance d'aquarobic.

Les branchies
Les poissons ont, tout comme nous, besoin d'oxygène pour vivre. Mais, à la différence des êtres humains, c'est dans l'eau qu'ils trouvent l'oxygène qui leur est nécessaire. Ils l'absorbent par les branchies, fentes de chaque côté de leur tête, en forme de demi-cercle. Essaie de les observer sur tes poissons : elles sont juste derrière leurs yeux.

Évite de faire trop de bruit, pour ne pas effrayer tes poissons.

Des yeux sans paupières

Observe attentivement tes poissons rouges. Tu verras qu'ils n'ont pas de paupières comme nous. Ne pouvant donc pas fermer les yeux pour dormir, ils se reposent les yeux grands ouverts, généralement immobiles au fond de l'aquarium.

Les poissons sentent les vibrations sonores

Si tu mets ta chaîne stéréo à plein volume, le son fera vibrer ou trembler le sol. Les poissons rouges « entendent » les sons en sentant leurs vibrations dans l'eau. Ne tape jamais sur la vitre de ton aquarium, car tu pourrais faire une peur bleue à ses habitants.

La nuit, éteins la lumière de l'aquarium, pour que tes poissons rouges puissent se reposer.

C'est déjà l'heure d'aller se coucher ?

Des animaux à sang froid !

Tous les poissons ont le sang froid. Leur corps reste à la température de l'eau dans laquelle ils nagent. Si tu mets un poisson rouge dans de l'eau chaude, il suffoquera et risquera de mourir.

Les nénuphars d'une mare font de parfaites ombrelles qui protègent les poissons rouges du soleil.

Que de poissons !

Les poissons rouges ont des couleurs brillantes aussi surprenantes que variées, allant de l'or et de l'argent au noir et au rouge. Certains ont de longues nageoires flottantes, d'autres de gros yeux globuleux.

Queue simple et queue double
Il existe différentes sortes de poissons rouges. Les espèces comme le poisson rouge commun et le comète ont un corps allongé et une queue simple. Les variétés dites à queue-de-voile et les moricauds ont un corps rond et une queue double.

Je suis rond mais charmant !

Un queue-de-voile possède une queue double.

C'est un poisson rouge commun.

Je suis un comète et je nage vite.

Le shubunkin est tacheté de gris et de brun.

Les moricauds sont noir de jais avec des yeux globuleux.

Un physique ingrat

Certains poissons rouges ont un aspect très étrange. Ainsi le poisson télescope a des yeux qui lui sortent de la tête, avec en dessous d'énormes poches d'eau : leur poids empêche ce poisson de bien nager.

Des nageoires en forme de voile

Tous les poissons ont des nageoires sur le dessus et le dessous du corps. Certaines variétés comme les queues-de-voile possèdent de très longues nageoires qu'ils laissent traîner derrière eux en nageant. Ces nageoires sont très jolies, mais elles les ralentissent.

Un beau poisson rouge a des chances de gagner un prix lors d'une exposition.

Je crois que je lui plais bien.

Un ancêtre bien terne !

La plupart des poissons rouges ont de belles couleurs brillantes. Pourtant ils ont tous pour ancêtre un poisson gris qui ne paie pas de mine : la carpe-carassin. C'est à partir de l'élevage de cette variété de carpes que les Chinois et les Japonais ont obtenu le poisson rouge.

C'est en Asie qu'ils ont commencé à être appréciés comme animaux domestiques.

Suis-je prêt ?

Avant d'acheter tes poissons rouges, aménage-leur une maison sous l'eau. Il te suffira d'acheter un aquarium et quelques accessoires.

Pour choisir ton matériel, demande conseil dans un magasin spécialisé.

L'aquarium

En choisissant ton aquarium, rappelle-toi que plus grand il sera, plus il contiendra de poissons rouges. Pour six ou sept poissons, il te faudra un aquarium de 90 cm de long sur 40 cm de large et 30 cm de profondeur.
Si tu n'as pas beaucoup de place, contente-toi d'un aquarium de 45 cm de long sur 30 cm de large et 30 cm de profondeur, où tu pourras mettre deux ou trois poissons. Tu devras équiper ton aquarium d'un couvercle et d'un éclairage.

Des bulles dans l'eau

Pour que l'eau reste propre, il te faudra un filtre et une pompe à air. Le filtre est une petite machine que l'on place dans l'aquarium. Il récupère les saletés et les restes de nourriture qui flottent dans l'eau. La pompe à air brasse l'eau, ce qui permet d'y maintenir une abondante quantité d'oxygène.

Un couvercle protégera ton aquarium de la poussière et le préservera des animaux trop curieux !

Cette grosse chose à fourrure est encore à nos trousses !

Peins un fond coloré que tu colleras derrière ton aquarium.

Roches et gravier

Roches et gravier agrémentent joliment un aquarium. De plus, les poissons rouges aiment bien se cacher derrière les roches et fureter dans le gravier, à la recherche d'un peu de nourriture. Utilise toujours un gravier lisse pour éviter que tes poissons se coupent la bouche.

Construis avec des cailloux une grotte pour ton aquarium en utilisant une colle spéciale, que tu trouveras dans les boutiques spécialisées.

Des jardins sous l'eau

Tu peux acheter des plantes qui poussent dans l'eau. Elles ont belle allure et les poissons prennent plaisir à nager entre leurs feuilles. Certains les grignotent également. Tu peux aussi te procurer des plantes en plastique, mais elles n'auront pas aussi bon goût que les vraies !

Le contrôle de l'eau

Les poissons rouges sont très délicats. Ils ne sont heureux que dans une eau propre, fraîche et à la bonne température.

Robinet, danger !
Avant de remplir ton réservoir, traite l'eau avec un produit spécial, que tu pourras acheter dans les magasins spécialisés. L'eau du robinet contient en effet du chlore, élément qui peut être nocif pour les poissons. Tu peux aussi laisser reposer l'eau à l'air libre pendant vingt-quatre heures, afin que le chlore s'évapore.

Pour la sécurité des poissons, il est nécessaire de traiter l'eau du robinet.

La température idéale
Les poissons rouges ne vivent que dans une eau fraîche. Place dans l'aquarium un thermomètre que tu regarderas tous les jours pour t'assurer que l'eau n'est ni trop chaude ni trop froide. Il doit afficher une température entre 10 et 20 °C.

De la lumière, par pitié !

Une trop grande quantité d'algues peut rendre l'eau verte.

Une eau verdâtre
Il peut arriver que l'eau de l'aquarium devienne verte. Cela est dû à la prolifération de petites plantes : les algues. Elles peuvent aussi pousser sur les parois de l'aquarium. Ne t'inquiète pas. Elles ne présentent aucun danger pour les poissons, qui en font leur régal. Lis les conseils de la page 23 pour te débarrasser de l'excès d'algues.

Problèmes respiratoires

Si tu mets un trop grand nombre de poissons dans l'aquarium, ils manqueront d'oxygène. Surveille bien tes poissons. Si tu les vois groupés à la surface, ouvrant désespérément la bouche pour avoir de l'air, tu es confronté à ce problème.

Alerte !

Pour ajouter de l'oxygène dans ton aquarium, change une partie de l'eau en veillant à ce qu'elle soit à la bonne température. Si tes poissons continuent à avoir du mal à respirer, c'est qu'ils sont trop nombreux pour un aquarium de cette taille.

En place !

Maintenant que tu as tout le matériel nécessaire, tu peux installer ton aquarium. Demande à un adulte de t'aider, et pense à mettre de vieux vêtements, au cas où tu te mouillerais.

Un adulte devra installer l'éclairage, le filtre et la pompe à air.

Le bon endroit
Décide tout d'abord de l'endroit où tu vas mettre ton aquarium. N'oublie pas qu'une fois rempli d'eau, il sera lourd et que tu auras peut-être du mal à le déplacer. Pose-le sur un support robuste et plat, loin de toute source de chaleur, radiateur ou fenêtre ensoleillée.

Le nettoyage de l'aquarium
Dilue une cuillerée à soupe de sel dans un demi-litre d'eau chaude. Rince avec cette eau ton aquarium, puis essuie-le avec un torchon propre. N'utilise jamais de savon ou de désinfectant, produits dangereux pour les poissons.

Ne place pas ton aquarium dans un endroit chaud et évite de le poser sur un appareil électrique.

Ça tangue !

Méfie-toi des étagères branlantes !

Lave et rince
Avant de mettre le gravier dans l'aquarium, rince-le plusieurs fois pour en ôter la terre et la poussière. Verse-le ensuite dans l'aquarium, pour qu'il forme une couche plus épaisse à l'arrière. Si tu veux ajouter des roches, gratte-les auparavant dans de l'eau tiède et salée.

Un décor sous-marin
Colle le fond que tu auras peint sur la paroi de l'aquarium, et mets un thermomètre à l'intérieur. Remplis maintenant l'aquarium d'un tiers d'eau traitée.

Pour éviter de disperser le gravier, recouvre-le d'une assiette sur laquelle tu verseras l'eau.

Le pouvoir des plantes

Les poissons apprécient les plantes dans un aquarium. Elles leur offrent ombre, abri et nourriture. De vraies plantes contribuent à une bonne oxygénation de l'eau.

De la verdure
Tu peux mettre dans ton aquarium soit de vraies plantes soit des plantes en plastique. Mais quel que soit ton choix, achète toujours tes plantes dans une boutique spécialisée. Pense à les remplacer fréquemment, si tes poissons les mangent.

Les poissons rouges aiment jouer à cache-cache parmi les plantes.

Le vert me va à ravir !

Les plantes mettent en valeur les écailles dorées des poissons rouges.

J'aime grignoter quelques feuilles entre les repas.

Ohé du bateau !

Si tu le souhaites, tu peux ajouter des ornements en plastique : plongeur sous-marin, épave de bateau ou autre. Assure-toi qu'ils sont faits pour les aquariums, car certains jouets en plastique peuvent blesser les poissons.

Une fois que tu auras fini de décorer ton aquarium, demande à un adulte de mettre en marche la pompe à air, le filtre et la lumière. Laisser décanter une semaine l'eau de l'aquarium avant d'y introduire les poissons.

Comment planter

Lave toutes tes plantes à l'eau salée avant de les planter. Cela permet d'éliminer les parasites et de préserver les poissons de certaines maladies. Pour chaque plante, creuse dans le gravier un trou, juste assez profond pour y loger les racines. Recouvre-les ensuite de gravier afin que la plante tienne droite.

Un jardin de pierres

Une fois toutes les plantes en place, ajoute des roches que tu poseras solidement sur le gravier, de façon qu'elles ne basculent pas.
Remplis ensuite presque jusqu'au bord l'aquarium d'eau traitée.

Si tes poissons n'ont pas assez de place pour nager, enlève les ornements.

C'est ma maison, pas une caisse à jouets !

Le bon choix

Les boutiques spécialisées te proposeront des centaines de poissons rouges. Sois sûr de choisir un poisson en bonne santé. Les conseils ci-dessous t'y aideront.

Le bon poisson rouge
Un poisson en bonne santé a de vives couleurs et nage dans tout l'aquarium. Méfie-toi de ceux qui ne bougent guère : ils sont peut-être malades. Assure-toi que la queue et les nageoires ne sont pas abîmées et qu'elles ne s'affaissent pas.

Pour acheter des poissons, le plus indiqué est de s'adresser à des magasins spécialisés ou à des éleveurs.

Je me sens plutôt à l'étroit là-dedans !

Dépêche-toi de ramener ton poisson chez toi. Il ne sera pas très à l'aise dans un sac en plastique.

Grand ou petit ?
Les poissons rouges n'aiment pas être seuls, aussi est-il préférable d'en acheter deux ou trois à la fois. Veille à ce qu'ils soient de la même taille et de la même espèce. Si tu mets des gros poissons avec des petits, les plus gros risquent de ne faire qu'une bouchée des plus petits.

Enfin chez soi !

Lorsque tu achèteras ton poisson rouge, le vendeur le mettra dans un sac en plastique, pour que tu puisses le transporter. Une fois chez toi, tu devras habituer ton poisson à l'eau de l'aquarium. Plonges-y pendant vingt minutes le sac en plastique. L'eau à l'intérieur du sac devrait ainsi être à la même température que celle de l'aquarium.

Sers-toi d'un thermomètre pour vérifier la température.

Le lâcher

Ouvre avec précaution le sac et verses-y un peu d'eau de l'aquarium, afin d'y habituer ton poisson. Au bout d'un moment, renverse le sac et libère-le. Laisse le filtre et la pompe à air en marche, mais éteins la lumière, pour que ton hôte puisse se reposer.

Comment les nourrir

Pour rester en bonne santé, tes poissons rouges ont besoin d'une alimentation appropriée. Nourris-les une ou deux fois par jour, mais sans excès, sinon l'eau commencerait à sentir mauvais.

Par pitié, laissez-nous-en un peu !

Veille à ce que les plus gros poissons ne mangent pas tout.

Des aliments secs
Tu peux nourrir tes poissons avec des flocons, des granulés ou des tablettes-rations, aliments que tu trouveras dans les magasins spécialisés. Ils contiennent toutes les vitamines et les minéraux nécessaires.

Lis les étiquettes pour être sûr d'avoir bien acheté de la nourriture pour poissons.

Puces et vers
Les puces d'eau, ou « daphnies », et les vers tubifex sont pour les poissons une friandise qu'il est bon de leur donner régulièrement.
Tu en trouveras dans les boutiques spécialisées, où tu pourras aussi acheter une mangeoire flottante. En voyant les vers s'y tortiller, les poissons rouges n'en feront qu'une bouchée.

Quelle quantité ?
Commence par donner à tes poissons une pincée de nourriture tous les matins pendant quelques jours. S'ils n'avalent pas tout en cinq minutes, réduis la quantité la fois suivante. Sers-leur aussi chaque semaine des aliments vivants comme les daphnies et les tubifex.

Ne les gave pas !
Si tu donnes trop de nourriture
à tes poissons, ils en laisseront.
Les aliments non mangés pourriront
et l'eau deviendra trouble et sentira
mauvais. En pareil cas, diminue la dose
et pêche les restes de nourriture
avec une épuisette.

Des vacances sans souci
Tu peux prendre quelques jours de
vacances sans avoir à t'inquiéter
pour tes poissons. Il suffit de laisser
au fond de l'aquarium un bloc de
nourriture sèche. Il se désagrégera
petit à petit et fournira aux poissons,
en ton absence, de quoi manger
chaque jour.

Ramène-moi de beaux cailloux !

Les poissons sont des animaux domestiques que tu peux laisser sans crainte durant quelques jours.

J'aimerais à mon petit déjeuner des flocons pour poissons.

Les poissons monteront à la surface quand tu les nourriras.

L'entretien de l'aquarium

Veiller à la propreté de l'aquarium est un des plaisirs de l'élevage de poissons rouges. Réserve-toi chaque semaine un peu de temps pour cette tâche très importante.

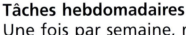

Tâches quotidiennes
Assure-toi chaque jour que le filtre, la pompe à air et la lumière fonctionnent bien, et que l'eau de l'aquarium est à la bonne température. Si elle est trop froide, ajoutes-y de l'eau tiède traitée. Si elle est trop chaude, plonges-y, le temps qu'elle refroidisse, quelques glaçons dans un sac en plastique.

Tâches hebdomadaires
Une fois par semaine, remplace environ un dixième de l'eau de l'aquarium par de l'eau propre traitée. Pour cette opération, tu peux utiliser un siphon, un long tube qui aspirera l'eau. Aspire par la même occasion les saletés sur le gravier. Avant de commencer, pense à éteindre la lumière et à arrêter le filtre ainsi que la pompe à air.

Tu peux laisser tes poissons dans l'aquarium pendant que tu siphonnes.

Enlève les algues à l'aide d'un grattoir spécial.

De temps à autre
Demande à un adulte de vérifier le fonctionnement de la pompe à air et de changer le filtre toutes les deux ou trois semaines. Tu peux également nettoyer le filtre en le frottant avec une brosse. N'oublie pas de le rincer. S'il y a trop d'algues dans l'aquarium, enlève avec un grattoir spécial celles qui poussent sur les parois.

Un grand ménage
Une ou deux fois par an, il te faudra nettoyer entièrement l'aquarium. Vide l'eau dans un seau en plastique, où tu mettras avec précaution tes poissons. Rince le gravier et nettoie toutes les plantes à l'eau fraîche. Replante-les ensuite dans le gravier propre. Remplis l'aquarium d'eau traitée en veillant à ce qu'elle soit à la bonne température.

J'ai droit à une coupe de cheveux, moi aussi ?

Il est préférable de mettre des gants en plastique pour nettoyer ton aquarium.

Un bon coup de ciseau
Garde tes plantes en bonne santé en coupant avec des ciseaux les feuilles mortes. Si les plantes sont devenues trop grandes pour l'aquarium, tu devras peut-être aussi en tailler l'extrémité.

La mare idéale

Certaines espèces de poissons rouges aiment vivre dehors dans des mares, même en plein hiver. Maison idéale pour les poissons, la mare attirera également un grand nombre d'autres animaux comme les grenouilles, les oiseaux et les escargots.

Les dimensions de la mare
Ta mare doit avoir 45 cm de profondeur, ce qui empêchera le fond de geler en hiver. Fais en sorte qu'elle soit la plus grande possible : 3 m de long est une bonne dimension. Tapisse-la d'une toile en plastique ou en caoutchouc d'une bonne épaisseur, que tu pourras acheter dans un magasin de jardinage.

Des espèces robustes
Les poissons rouges à queue simple comme les poissons rouges communs et les comètes peuvent vivre toute l'année dans une mare. Tu pourras aussi y élever des espèces apparentées aux poissons rouges comme les carpes.
Tu t'apercevras que les poissons vivant à l'extérieur deviennent plus grands et plus colorés que ceux vivant en aquarium.

Creuser une mare est un gros travail, aussi demande à plusieurs adultes de t'aider.

Je veux bien t'aider, mais creuser n'est pas mon fort !

Même une mare peu profonde peut être dangereuse si tu tombes à l'eau. La présence d'un adulte à tes côtés est indispensable.

Jeûne d'hiver
Nourris une fois par jour avec des granulés les poissons de ta mare, pour qu'ils aient assez de vitamines et de minéraux. Ne leur donne rien d'autre à manger pendant l'hiver, car ils seront alors en état d'hibernation au fond de la mare.

L'entretien de la mare
Tu devras peut-être, en été, ajouter de l'eau dans ta mare. En automne, il te faudra ôter les feuilles et les plantes mortes. À la venue de l'hiver, fais flotter un ballon sur l'eau. Si la mare gèle, demande à un adulte de dégager le ballon de façon à laisser un trou d'eau pour les poissons. Ne casse jamais la glace, car tu risquerais de blesser les poissons.

Certaines plantes poussent dans les eaux peu profondes, sur les bords des mares. D'autres, comme les nénuphars, ont besoin d'une plus grande profondeur.

Bilan de santé

Si tu en prends bien soin, tes poissons rouges resteront en bonne santé. Si jamais ils tombent cependant malades, ils auront besoin de ton aide pour guérir.

Une petite mine
Un poisson malade nage lentement ou reste immobile au fond de l'aquarium. Il laisse pendre ses nageoires et il peut être ou très gros ou très maigre. Tout poisson qui a un comportement bizarre devra être tenu à l'écart des autres dans un aquarium où il sera seul et où tu pourras veiller sur lui.

Dans l'épuisette !
Pour transférer ton poisson dans un autre aquarium, il te faut d'abord l'attraper ! Sois patient. Plonge doucement l'épuisette dans l'aquarium et dirige-la vers le poisson. Tu devrais pouvoir le capturer d'un léger coup d'épuisette. Couvre-la ensuite de la main pour empêcher le poisson de s'en échapper.

Fais attention à ne pas effrayer tes poissons, lorsque tu manieras l'épuisette.

Un poisson en bonne santé ne manque jamais un repas !

Un hôpital pour poissons
Un petit aquarium de réserve fera un excellent hôpital pour poissons. Décore-le de plantes en plastique et de petits pots de fleurs posés sur le côté pour offrir des abris à ton patient. Tu garderas là quelques semaines tout poisson malade, jusqu'à ce que tu sois certain de sa guérison.

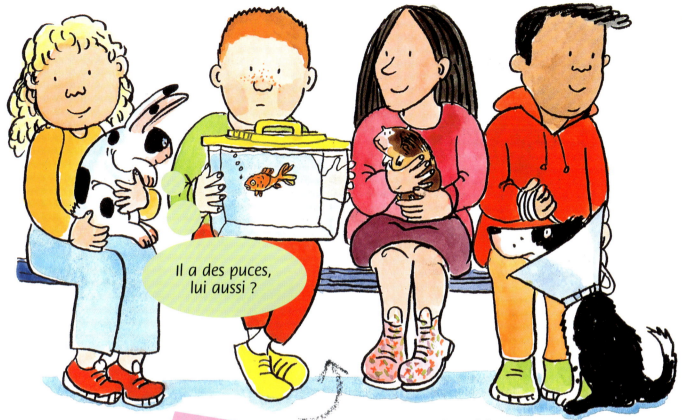

Allô, docteur ?
Pour savoir de quoi souffre ton poisson, téléphone à un vétérinaire ou adresse-toi à une boutique spécialisée. En fonction des symptômes que tu décriras, on pourra peut-être te dire quel est le problème. Dans le cas contraire, tu devras emmener ton poisson chez le vétérinaire. Il pourra te donner des médicaments à mettre dans l'eau du malade.

Transporte ton poisson dans un petit réservoir, si tu dois le conduire chez le vétérinaire.

Fungus et points blancs
Les poissons rouges se couvrent parfois de plaques blanchâtres et duveteuses. Cette maladie appelée « mousse » ou « fungus », est causée par un champignon microscopique qui se développe souvent dans les aquariums sales.

Une autre maladie courante chez les poissons se caractérise par l'apparition de points blancs sur tout le corps, y compris les nageoires. Elle peut être soignée, comme le fungus, par des médicaments que l'on met dans l'eau. Ton vétérinaire t'indiquera comment procéder.

L'élevage de poissons

Les poissons rouges sont l'une des espèces de poissons les plus faciles à élever. Il faut cependant savoir que sur des centaines d'œufs pondus par la femelle, seuls quelques bébés poissons atteindront l'âge adulte.

La saison des amours
Les poissons rouges se reproduisent pendant la saison chaude, au printemps et en été. Tu verras à cette époque s'arrondir le ventre, rempli d'œufs, des femelles. Les mâles, eux, présenteront des taches blanches autour des branchies.

Œufs et fretin
Lorsqu'il est prêt à s'accoupler, le mâle poursuit la femelle dans tout l'aquarium. Celle-ci pondra plus tard des centaines d'œufs qui resteront collés aux plantes. C'est ce qu'on appelle le frai. Le mâle répand ensuite sur les œufs un liquide, la laitance, qui les fera éclore.
On appelle « fretin » les bébés poissons qui sortent des œufs.

On reconnaît les poissons prêts à s'accoupler à la façon dont ils se poursuivent dans l'aquarium.

On s'amuse comme des fous !

Éclosion des œufs

Inspecte chaque jour ton aquarium. Tu ne tarderas pas à voir apparaître les œufs : ils formeront sur les plantes de minuscules points gélatineux. À la ponte des premiers œufs, retire de l'aquarium les parents, qui autrement les mangeraient. Les œufs écloront au bout de cinq jours et les petits poissons nageront quelques jours plus tard.

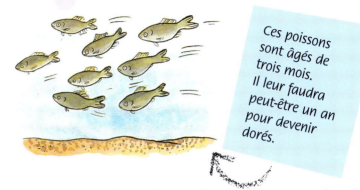

J'ai hâte d'être grand et tout doré.

Ces poissons sont âgés de trois mois. Il leur faudra peut-être un an pour devenir dorés.

Première nage

Les bébés poissons tout juste éclos se nourrissent des restes de leurs propres œufs. Une fois cette source de nourriture épuisée, tu devras leur donner des aliments spéciaux pour fretin, vendus dans les boutiques spécialisées.

Petit poisson deviendra grand

Quand les jeunes poissons commenceront à grandir, transfère-les dans un aquarium plus grand. Tu devras te débarrasser d'un grand nombre de poissons parmi les plus petits, pour que les autres puissent devenir vigoureux. Si tu te sers d'une épuisette, prends garde à ne pas les blesser. Pêche-les plutôt avec une tasse.

Mets les parents dans un autre aquarium, sinon ils mangeraient les œufs.

La vie en commun

Certains aquariums contiennent différentes espèces de poissons. Lorsque tu auras acquis une certaine expérience en matière d'aquariophilie, pourquoi ne pas réaliser un aquarium de ce type ?

Des voisins de palier
La plupart des poissons réunis dans un aquarium vivent à des niveaux différents, ce qui leur évite de se battre pour la nourriture. Certains nagent près de la surface, les autres restent au milieu de l'aquarium ou bien vivent au fond, en rasant le gravier.

Une heureuse cohabitation
Les poissons qui partagent un aquarium doivent pouvoir manger la même nourriture et supporter aussi le même degré de température. Ils doivent en plus être d'un tempérament pacifique, pour ne pas se battre entre eux.

Je préfère nager près de la surface pour attraper les insectes.

Les conseils d'un expert
Le choix de poissons capables de vivre ensemble est une tâche délicate qui revient à un expert. Demande conseil à un éleveur ou renseigne-toi dans une boutique spécialisée.

Tu peux élever des poissons de différentes espèces dans un aquarium ou dans une mare.

Mots utiles

algues Petites plantes qui poussent dans l'eau. Une trop grande quantité d'algues rendra verte l'eau de l'aquarium.

aquariophilie Élevage de poissons dans un aquarium. Un aquariophile est la personne qui les élève.

branchies Parties du corps du poisson qui lui permet de prendre l'oxygène de l'eau. Situées derrière les yeux du poisson, les branchies constituent deux petites ouvertures en forme de demi-cercle.

chlore Gaz contenu dans l'eau du robinet, toxique pour les poissons, à moins de le neutraliser avec un produit spécial ou d'aérer l'eau pendant vingt-quatre heures.

daphnies Également appelées « puces d'eau », ces minuscules crustacés vivant dans l'eau constituent une excellente nourriture pour les poissons rouges.

écailles Petites plaques minces couvrant le corps d'un poisson.

éclore S'ouvrir, pour un œuf. Sortir de l'œuf, pour le jeune poisson.

espèce Sorte particulière de poissons, comme le poisson rouge commun ou le comète.

filtre Il contribue à la propreté de l'eau de l'aquarium en la débarrassant de ses saletés et des restes de nourriture.

fretin Nom donné aux jeunes poissons.

hibernation Les poissons hibernent quand la température se refroidit. Ils entrent dans un état de somnolence dont ils ne sortent que lorsque le temps se réchauffe.

laitance Liquide dont le poisson mâle recouvre les œufs pondus par la femelle et qui leur permet d'éclore. On dit qu'il les féconde.

nageoires Les nageoires sont de petites membranes qui permettent aux poissons de nager, de s'arrêter et même de se tenir immobiles.

pompe à air Machine qui brasse l'eau de l'aquarium et en augmente la quantité d'oxygène.

reproduction Les poissons qui se reproduisent ont des bébés.

tubifex Vers minuscules dont se régalent les poissons.